GRANADOS

ESCENAS
ROMANTICAS

UNION MUSICAL EDICIONES S.L.
CALLE MARQUES DE LA ENSENADA, 4
28004, MADRID.

A Maria Oliveró

Lema

Escenas Románticas

MAZURKA

E. GRANADOS

Poco lento con abandono

1.

poco rubato

piu mosso

4

BERCEUSE

6

Ossia

cresc.

EPÍLOGO

Andantino spianato. *con exaltacion poética*

6.